RÉGLEMENT

POUR

LES ENFANS

DES DEUX SEXES

QUI FRÉQUENTENT

LES ÉCOLES PRIMAIRES.

A AUBENAS,
CHEZ SOUBEYRAN JEUNE,
M.ᵈ Papetier et Relieur.
——
1841.

Valence, imprimerie de L. BOREL.

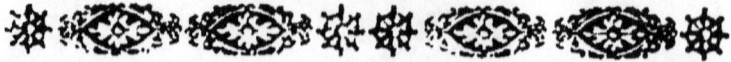

AVIS AUX INSTITUTEURS.

Il y a deux manières de prononcer les consonnes. 1°En prononçant comme si l'on écrivait *bé, cé, dé, effe, gé, ache, ji, ka, elle, emme, enne, pé, qu, erre, esse, té, vé, ixe, zède.*

2° En rapprochant le plus qu'il est possible leur prononciation de leur valeur, c'est-à-dire, en ajoutant après la consonne un *e* muet qu'on fait sentir faiblement : *be, ce, de, fe, ge,* (*h* aspiré), *je, ke, le, me, ne, pe, que, rc, se, te, ve, xe, ze.*

Cette seconde prononciation est aujourd'hui la plus généralement adoptée par l'Académie, par les personnes instruites et par les bons instituteurs. Elle facilite beaucoup la lecture aux enfans, en même temps qu'elle épargne bien des peines à ceux qui leur enseignent à lire.

Alphabet régulier.

a b c d e é è ê
f g h i j k l m
n o p q r s t u
v x y z et.

Renversé.

et z y x v u t s
r q p o n m l k
j i h g f ê è é
e d c b a.

Alphabet mêlé.

e b q d p k n
r m c u j g z é
f l è h s ê a i et
x t o v y.

Voyelles.

a e i o u.

Alphabet majuscule.

A B C D E F
G H I J K L M
N O P Q R S
T U V X Y Z.

Accens.

Accent aigu (´),
Accent grave (`),
Accent circonflexe (^],
Accent tréma (··),
Apostrophe (').

Des diverses sortes d'e.

Notre langue a quatre sortes d'*e*, savoir :

L'*e* muet, qui est sans accent, qui n'a qu'un son obscur et peu sensible, comme dans *mesure*, *demande (e)*.

L'*é* fermé, qui a l'accent aigu, et qui se prononce la bouche tant soit peu ouverte, comme *vérité*, *charité* (é).

L'è ouvert, qui a l'accent grave, et qui se prononce en ouvrant davantage la bouche, comme succès, procès (è).

L'é fort ouvert, qui a l'accent circonflexe, et qui se prononce en ouvrant de même la bouche et appuyant sur cette lettre, comme fête, tempête (ê).

Ponctuation.

(,) Virgule.
(;) Point-virgule.
(:) Deux-points.
(.) Point.
(?) Point interrogatif.
(!) Point admiratif.

Syllabe.

La syllabe est une consonne avec une voyelle, comme *ma, pa, be, ob, id,* etc.

Sons formés d'une consonne et d'une voyelle.

ba be bé bè bê bi bo bu.
ca ce cé cè cê ci co cu.
da de dé dè dê di do du.
fa fe fé fè fê fi fo fu.
ga ge gé gè gê gi go gu.
ha he hé hè hê hi ho hu.
ja je jé jè jê ji jo ju.
la le lé lè lê li lo lu.
ma me mé mè mê mi mo mu.
na ne né nè nê ni no nu.
pa pe pé pè pê pi po pu.
qua que qué què quê qui quo qu.
ra re ré rè rê ri ro ru.

sa se sé sè sê si so su.
ta te té tè tê ti to tu.
va ve vé vè vê vi vo vu.
xa xe xé xè xê xi xo xu.
za ze zé zè zê zi zo zu.

Sons de deux consonnes et d'une
voyelle.

bla ble blé blè blê bli blo
blu.
bra bre bré brè brê bri
bro bru.
cha che ché chè chê chi
cho chu.
chra chre chré chrè chrê
chri chro chru.
cla cle clé clè clê cli clo
clu.
dra dre dré drè drê dri
dro dru.
fra fre fré frè frê fri fro fru.

gla gle glé glè glê gli glo glu.

gna gne gné gnè gnê gni
gno gnu.

gra gre gré grè grê gri gro
gru.

gua gue gué guè guê gui
guo gu.

pla ple plé plè plê pli plo
plu.

pra pre pré prè prê pri pro
pru.

pha phe phé phè phê phi
pho phu.

sta ste sté stè stê sti sto
stu.

tra tre tré trè trê tri tro
tru.

tha the thé thè thê thi tho
thu.

vra vre vré vrè vrê vri vro
vru.

Mots de deux Syllabes.

Al-la le-va bu-ta fi-xé bê-te
ca ve pe-la du-pa pi-qué dè-
te da-ma se-ma fu-ma ri-mé
el-le ba-va me-na cu-va mi-
né cè-ne fa-na ve-nu hu-ma
po-té fê-te gâ-ta bi-na ju-ra
co-lé gê-ne no-ta ci-ta lu-ta
do-ré jè-te i-ra dî-na mu-ra
or-né lè-ve.

Mots de trois Syllabes.

A-bat-tu co-lè-re é-pe-lé
go-be-ra a-bo-li don-de-ra
é-pé-e ha-bi-le al-lu-mé dé-
bi-le é-pu-ra hé-ri-ta ac-ti-
ve di-ur-ne é-qui-té ho-no-
ré am-bi-gu do-ru-re ex-ci-
té hu-mi-de.

Réglement des Enfans.

1° REN-DEZ|vous,| mon|en-fant, à|l'é- co-le|bien|e-xac-te- ment.|So-yez|bien| mo-des-te|en|che- min|et|ne|vous|ar- rê-tez|nul-le|part.

2° En|en-trant| à|la|clas-se,|vous sa-lu-e-rez,|vous

pren-drez | tout | ce | qui | est | à | vo-tre | u-sa-ge, | et | u-ne | fois | pla-cé, | vous | ne | vous | lè-ve-rez | pas | sans | per-mis-sion.

3° De-puis | le | mo-ment | que | vous | se-rez | en-tré, | jus-qu'à | ce | que | vous | sor-ti-rez | de | la | clas-se, | vous | gar-de-rez | le si-len-ce | le | plus | ex-act. | Vous | é-tu-di-e-rez | aus-si | vo-tre | le-çon | sans | é-le-ver | la | voix. ...

4° La | clas-se | com - men - ce - ra | par | u-ne | pri-è-re, | que | vous | ré-ci-te-rez | a-vec | at-ten-tion | et | dé-vo-tion; | c'est | ain-si, | mon | cher | en-fant, | que vous | de-vez | tou-jours | pri-er | Dieu.

5° Vous | ne | sor-ti-rez | pas | de | la | clas-se | sans | per-mis-sion , | et | ja-mais | deux | en | mê-me | temps.

6° Vous | ne | de-vez | tu-to-yer | per-son-ne , | ni | don-ner | des | so-bri-quets, | ni | vous |

mo-quer | de | qui | que | ce | soit, | ni | lui | re-pro-cher | ses | dé-fauts.

7° Ne so-yez point rap-por-teur. Vous de-vez mê-me en-du-rer pa-ti-em-ment u-ne ré-pri-man-de que l'on vous fait par mé-pri-se, plu-tôt que de nom-mer

ce-lui de vos con-
dis-ci-ples qui l'a
mé-ri-té-e.

8° Quand on
vous re-pren-dra,
vous ne con-tes-
te-rez point et ne
cher-che-rez pas à
vous jus-ti-fi-er.
Vous é-cou-te-rez
hum-ble-ment ce
qui vous se-ra dit,

et re-mer-ci-e-rez le maî-tre.

9° Vous tien-drez la mê-me con-dui-te, si vos maî-tres vous im-po-sent quel-que pé-ni-ten-ce.

10° E-tu-di-ez tou-jours bien vo-tre le-çon. Quand on vous la di-ra, so-yez très-at-ten-

tif. Sui-vez a-vec at-
ten-tion ceux qui
sont à la mê-me
ban-de; et a-près
que tous ont lu,
re-pas-sez vo-tre
le-çon , a-fin de
mieux é-vi-ter les
fau-tes dont vous
ou les au-tres
vous aurez é-té
re-pris.

11° Ac-cou-tumez-vous à sui-vre le sens de ce que vous li-sez; à fai-re sen-tir les points et les vir-gu-les; à bien pro-non-cer et à cor-ri-ger vo-tre mau-vais ac-cent.

12° Veil-lez que vos li-vres ne s'é-ga-rent point et soient tou - jours

pro pres. Ai mez
en tout l'or dre
et la pro pre té.

13° Exer cez de
bon ne heu re vo-
tre mé moi re.
Pen dant le temps
où l'on é tu di e
par cœur, vous ap-
pren drez d'a bord
la pri è re du ma-
tin, cel le du soir
et le ca té chis me.

14° Du rant l'heu re du ca téchis me , so yez très-at ten tif , à sui vre l'ex pli cation qui en est fai te. S'il y a quelque cho se que vous ne com prenez pas , pri ez tout haut le Maître de vous l'expli quer. C'est-là,

mon en fant, la
scien ce du sa lut.
Le soir vous pou-
vez ré pé ter à vos
frè res et sœurs
ce qu'on vous au-
ra ap pris.

15° Lors qu'on
fe ra la pri è re
vous sui vrez tout
bas a vec res pect
et dé vo tion, vous
ac cou tu mant à

entrer dans les sentimens que votre bouche exprime. Cette prière ne vous dispensera pas de la faire à la maison.

16° Vous irez à la sainte Messe deux à deux, modestement et en silence, vous préparant à y assis ter a vec pié té.

17° En en trant à l'E gli se, ce lui qui est du cô té du bé ni tier pré sen te ra de l'eau bé ni te à son con dis ci ple. Vous vous pla ce rez mo des te ment à l'en droit qui vous au ra été as si gné.

18° Du rant la

Messe ayez votre livre devant les yeux, et lisez-en les prières dévotement. Si vous ne savez pas encore bien lire, vous direz avec piété votre chapelet.

19° Après la Messe, vous vous remettrez à genoux pour remercier le bon Dieu, et, au signal qui sera donné, vous retournerez à la classe dans le même ordre que vous êtes venu, toujours en silence et avec recueillement.

20° Aimez à apprendre des

can ti ques , et pre-
nez l'ha bi tu de
d'en sui vre le
sens quand vous
les chan tez.

21° Vous n'au-
rez d'a mi tiés par-
ti cu liè res pour
au cun de vos con-
dis ci ples. Vous
les ai me rez tous
é ga le ment , et
leur par le rez

a vec la mê me
hon nê te té.

22° Si né an-
moins vous en
con nois siez qui
tins sent de mau-
vais dis cours ou
eus sent une con-
dui te cri mi nel le,
vous de vez en
a ver tir le Maî tre,
et ne pas les fré-
quen ter.

2 *

23° La clas-se é-tant fi-ni-e vous sor-ti-rez sans bruit, sans pré-ci-pi-ta-tion, a-vec mo-des-ti-e, et vous vous ren-drez droit à la mai-son, sans vous ar-rê-ter dans les ru-es à par-ler et à vous a-mu-ser. Vous sa-lu-e-rez tout le mon-de, et vous ô-te-rez le cha-peau aux per-son-nes à qui vous de-vez l'hon-neur et le res-pect.

En en-trant chez vous, sa-lu-ez res-pec-tu-eu-se-ment vos pa-rens et les

per-son-nes é-tran-gè-res
qui pour-raient se trou-
ver à la mai-son. Si vous
ê-tes in-ter-ro-gé sur quelque cho-se, ré-pon-dez
mo-des-te-ment : *oui,
Mon-si-eur, oui, Ma-da-
me; non, Mon-si-eur, etc.*

24° On vous donnera
de temps en temps des
leçons de civilité, soyez-y
très-attentif afin d'apprendre à honorer chacun se-
lon son état et son âge,
et à éviter toute malhon-

nêtcté, toute indécence ou grossièreté. La politesse fait aimer et respecter la vertu.

25° Ayez le plus grand respect et un amour sincère pour votre père et votre mère, et pour tous vos parens. Obéissez-leur promptement ; allez même au-devant de leurs volontés. Fermez les yeux sur leurs défauts et ne vous en entretenez jamais. Ne dites jamais à personne ce qui se passe dans la maison.

26° Si cependant l'on vous commandoit de mentir, de dérober, de dire ou faire quelqu'autre chose mauvaise, répondez avec respect que vous ne le pouvez point faire, que le bon Dieu vous le défend.

27° Ne sortez point de la maison sans la permission de vos parens, surtout pour aller loin.

28° Portez toujours un grand respect aux Prêtres : ils sont les ministres de

Dieu. Ne parlez jamais et ne souffrez pas que l'on vous parle mal d'eux. Respectez aussi beaucoup les personnes âgées, ne vous moquez jamais d'elles et empêchez même qu'on le fasse. Dieu vous maudiroit, mon enfant.

29° Soyez honnête et officieux envers les étrangers, comme envers les autres : il faut savoir se gêner pour rendre service dans l'occasion.

30° Aimez vos frères et sœurs : ne disputez point ensemble, ne vous frappez point, montrez-vous toujours le plus raisonnable, cédez-leur dans toutes les occasions où le bon Dieu n'est point offensé.

31° Agissez de même à l'égard de toutes les personnes de la maison, des voisins et voisines, et de vos amis et de tout le monde.

32° Ayez le plus grand

amour pour la modestie : respectez votre corps comme le corps même de Jésus-Christ. Ne vous permettez jamais de vous baigner nu ; fuyez ceux qui s'abandonnent à un amusement si indécent. N'oubliez jamais que Dieu vous voit et que votre bon Ange est à côté de vous.

33° Ne regardez jamais rien d'indécent ; que vos yeux soient toujours modestes ; ne chantez et n'écoutez aucune mauvaise chanson ; ne dites et n'écoutez aucune parole déshonnête.

34° Ne mentez jamais ; les menteurs offensent Dieu et se font haïr de tout le monde.

35° Gardez-vous bien de dérober, ni fruit, ni friandises, ni quoi que ce soit, à vos parens ou aux étrangers. Rien de plus méprisable qu'un voleur.

36° Ne prononcez pas

3

le nom de Dieu en vain. Ne souillez jamais votre bouche par des juremens ou autres paroles grossières.

37° Ne soyez pas gourmand : prenez simplement, sans vous plaindre et avec reconnoissance, la nourriture qui vous est donnée. Accoutumez-vous jeune à être sobre, à ne pas manger avec avidité et précipitation, et même à faire quelque petite mortification. N'oubliez pas le *Benedicite* et les Grâces.

38° Ne passez pas les jours de vacances dans l'oisiveté : elle est la mère de tous les vices. Aimez le travail, et ne restez jamais sans rien faire, occupez-vous toujours au retour de l'école.

39° Les Dimanches et Fêtes, vous assisterez à la grand'Messe, à Vêpres, aux instructions, au Rosaire, et vous vous placerez au lieu qui vous est assigné par vos Maîtres.

40° Ayez, mon cher enfant, une grande dévotion à la Sainte Vierge et invoquez-la souvent avec confiance. Renouvelez votre piété et votre dévotion envers elle aux Fêtes que l'Eglise célèbre en son honneur.

41° Saint Louis de Gonzague, qui a été donné par l'Eglise pour Patron et pour modèle à la jeunesse chrétienne, est en particulier le patron des écoliers. Ayez en lui une dévotion particulière.

42° N'entrez jamais dans l'Eglise sans être pénétré d'un saint respect. Gardez-vous bien d'y courir, d'y badiner, d'y rire, d'y parler, d'y tourner la tête de côté et d'autre.

43° Accoutumez-vous à vous tenir en la présence de Dieu, et à lui offrir votre travail et toutes vos actions. En les commençant, faites toujours le signe de la Croix.

44° Ayez pour Dieu une crainte amoureuse et la plus grande horreur pour les fautes les plus légères.

45° Quand vous passez devant une Eglise ou une Croix, faites le signe de la croix ou ôtez le chapeau.

46° Quand vous prononcez ou entendez prononcer le saint nom de JÉSUS ou de MARIE, ôtez le chapeau ou inclinez la tête.

47° Quand on sonne l'*Angelus*, dites-le dévotement.

48° Mais accoutumez-vous à ne faire ces actions

qu'avec des sentimens in-
térieurs de piété.

49° Le soir, si les per-
sonnes de la maison n'ont
pas été à la prière qui se
dit à l'Eglise, vous la ferez
à haute voix et très-dévote-
ment devant quelque image.
Ensuite vous souhaiterez le
bonsoir à vos père et mère,
et autres personnes de la
famille. Vous vous déshabil-
lerez modestement, pren-
drez de l'eau bénite et ferez
le signe de la croix, et vous
vous recommanderez à

Dieu, à la Sainte Vierge et à votre bon Ange.

50° Ne soyez pas paresseux à vous lever. Faites d'abord le signe de la croix et donnez votre cœur à Dieu. Habillez-vous avec grande modestie. Mettez-vous ensuite à genoux et faites votre prière, avec la famille, s'il se peut. Après votre prière vous donnerez le bonjour à vos parens.

51° Ne manquez pas de vous peigner tous les jours, de vous laver le visage et les mains, de vous faire les ongles et d'avoir une grande propreté en tout. Vous le devez autant à votre santé qu'à l'honnêteté.

52° Enfin vivez, mon enfant, de manière à éviter le péché et à plaire au bon Dieu en toutes vos actions, afin de vous rendre digne d'entrer dans le Ciel.

Prière avant la Classe.

Esprit Saint, père des lumières, sans vous nous travaillerions en vain, et les sciences que nous pourrions acquérir seroient inutiles pour notre salut. Répandez donc, s'il vous plaît, votre bénédiction sur notre travail, remplissez nos cœurs d'amour et de reconnoissance pour vous, et faites que ces instructions et les connoissances qu'on nous donne nous aident à devenir de bons chrétiens.

Ave Maria, etc.

Prière après la Classe.

Nous vous remercions, ô notre Dieu, de la grâce que vous nous avez faite de nous instruire, préférablement à tant d'autres qui vivent dans l'ignorance et qui en profiteroient mieux que nous. Ne permettez pas que nous nous servions jamais de ce que nous apprenons, que pour devenir de bons chrétiens.

Ave Maria, etc.

.

www.ingramcontent.com/pod-product-compliance
Lightning Source LLC
Chambersburg PA
CBHW071005280326
41934CB00009B/2183